BEI GRIN MACHT SICH IHR WISSEN BEZAHLT

- Wir veröffentlichen Ihre Hausarbeit, Bachelor- und Masterarbeit

- Ihr eigenes eBook und Buch - weltweit in allen wichtigen Shops

- Verdienen Sie an jedem Verkauf

Jetzt bei www.GRIN.com hochladen und kostenlos publizieren

Bibliografische Information der Deutschen Nationalbibliothek:

Die Deutsche Bibliothek verzeichnet diese Publikation in der Deutschen Nationalbibliografie; detaillierte bibliografische Daten sind im Internet über http://dnb.d-nb.de/ abrufbar.

Dieses Werk sowie alle darin enthaltenen einzelnen Beiträge und Abbildungen sind urheberrechtlich geschützt. Jede Verwertung, die nicht ausdrücklich vom Urheberrechtsschutz zugelassen ist, bedarf der vorherigen Zustimmung des Verlages. Das gilt insbesondere für Vervielfältigungen, Bearbeitungen, Übersetzungen, Mikroverfilmungen, Auswertungen durch Datenbanken und für die Einspeicherung und Verarbeitung in elektronische Systeme. Alle Rechte, auch die des auszugsweisen Nachdrucks, der fotomechanischen Wiedergabe (einschließlich Mikrokopie) sowie der Auswertung durch Datenbanken oder ähnliche Einrichtungen, vorbehalten.

Impressum:

Copyright © 2016 GRIN Verlag, Open Publishing GmbH
Druck und Bindung: Books on Demand GmbH, Norderstedt Germany
ISBN: 9783668349797

Dieses Buch bei GRIN:

http://www.grin.com/de/e-book/344814/ausloeser-praevention-und-umgang-mit-unterrichtsstoerungen

Regina Tseytlina

Auslöser, Prävention und Umgang mit Unterrichtsstörungen

Orientierungspraktikumsbericht

GRIN Verlag

GRIN - Your knowledge has value

Der GRIN Verlag publiziert seit 1998 wissenschaftliche Arbeiten von Studenten, Hochschullehrern und anderen Akademikern als eBook und gedrucktes Buch. Die Verlagswebsite www.grin.com ist die ideale Plattform zur Veröffentlichung von Hausarbeiten, Abschlussarbeiten, wissenschaftlichen Aufsätzen, Dissertationen und Fachbüchern.

Besuchen Sie uns im Internet:

http://www.grin.com/

http://www.facebook.com/grincom

http://www.twitter.com/grin_com

Bergische Universität Wuppertal
School of Education
Begleitseminar zum Orientierungspraktikum
Schwerpunkt GymGe und BK
SoSe 16

Praktikumsbericht:

Thema: Unterrichtsstörungen

Fragestellung: Weshalb kommt es zu Unterrichtsstörungen und wie sollte ein Lehrer mit ihnen umgehen?

Abgabe: 17.10.2016

Verfasserin:
Regina Tseytlina
Studiengang: KombiBA (PO 2010)
Fächer: Spanisch und Chemie
Semesterzahl: 6. Semester

Praktikumszeitraum:
05.09.2016-30.09.2016

Inhalt

1. Einleitung: 3
2. Meine Erwartungen an das Praktikum 3
3. Gesamtschule: 4
4. Der erste Tag des Schulpraktikums 4
5. Unterrichtsstörungen 5
    5.1. Definitionen von Unterrichtsstörungen..5
    5.2. Was verursacht Unterrichtsstörungen?..7
    5.3. Prävention von Unterrichtsstörungen 7
    5.4. Wie sollte sich ein Lehrer bei Unterrichtsstörungen gegenüber den Schülern verhalten?.....10
    5.5. Meine Unterrichtsstunden 12
        5.5.1 Chemie : 12
        5.5.2 Spanisch: 14
    5.6. Fazit zum Thema Unterrichtsstörungen: 15
6. Reflexion des Praktikums und Ausblick 16
7. Literaturverzeichnis: 20

1. Einleitung:

Schon seit dem ersten Semester werde ich von meinen Freunden gefragt, warum ich Chemie und Spanisch auf Lehramt studiere.

Spanisch und Chemie waren schon in der Schule meine Lieblingsfächer. Deswegen habe ich mich auch in meiner Freizeit damit sehr gerne beschäftigt. Chemie ist eine sehr faszinierende Naturwissenschaft, denn es gibt sehr viele schöne Experimente, die die Schüler beeindrucken können. Selbst die Flammenfärbungen der Metalle fand ich im Chemieunterricht sehr interessant.

In den Sommerferien bin ich mit meinen Eltern oft nach Spanien geflogen und in der 9. Klasse durfte ich Spanisch als 3. Fremdsprache in der Schule wählen. Zu diesem Zeitpunkt habe ich angefangen, mich mit der spanischen Kultur und Geschichte auseinanderzusetzen. Auch den Klang der spanischen Sprache finde ich toll. Viele spanische Lieder sind für mich etwas ganz Besonderes.

Meine Klassenkameraden und Freunde haben mich oft gebeten, ihnen in Mathe und Chemie Nachhilfe zu geben und es hat mir immer sehr viel Spaß gemacht, besonders, wenn ich gesehen habe, dass sie meine Erklärungen verstanden haben. Deswegen habe ich mich dazu entschieden, Lehrerin zu werden. Ich arbeite gerne mit anderen Menschen zusammen.

Mein Ziel ist es, den Schülern den Unterrichtsstoff so beizubringen, dass die Mehrheit der Schüler die im Unterricht behandelten Themen versteht. Wenn die Schüler Fragen haben sollten, werde ich versuchen diese Fragen so gut wie möglich zu beantworten.

2. Meine Erwartungen an das Praktikum

Vor dem Praktikum sollte man sich darüber Gedanken machen, was man überhaupt vom Praktikum erwartet.

Ich hoffe, dass ich im Unterricht nicht nur hinten sitzen werde, sondern auch die Lehrerrolle im Spanisch- und Chemieunterricht übernehmen darf und von den Lehrern unterstützt werde, sollte ich Hilfe benötigen. Es ist mir auch sehr wichtig, dass mir die Lehrer nach der Stunde sagen, wo meine Schwächen und Stärken liegen. Desweiteren sind mir Ratschläge, wie ich mich verbessern kann, sehr wichtig, da mir bewusst ist, da ich noch viel lernen muss.

Von den Schülern erwarte ich den nötigen Respekt und Aufmerksamkeit. Selbstverständlich können die Schüler immer auf mich zukommen und mir Fragen stellen.

In meinem Bericht werde ich zunächst einen kurzen Überblick über die Gesamtschule geben. Daraufhin werde ich meinen ersten Tag des Schulpraktikums vorstellen.

3. Gesamtschule:

Die Gesamtschule wurde 1986 in Wuppertal gegründet. Es ist eine Ganztagsschule, die neben dem normalen Schulbetrieb auch Freizeitangebote anbietet. Die Schule bietet alle erreichbaren Schulabschlüsse an. Chancengleichheit und Bildungsgerechtigkeit sind für die Schule wichtige Stichworte. In den Klassen 5 und 6 gibt es Neigungsfachklassen in den Bereichen Orchester, Sport, Naturwissenschaften und Musik. Die Schule sorgt für ein gutes Lern- und Arbeitsklima. Es gibt z.B. Anti-Mobbing-Vereinbarungen. Es gibt auf der Schule Inklusions- und Flüchtlingsklassen. Es wird viel Wert darauf gelegt, dass jeder Schüler unterstützt und gefördert wird. Alle Klassen haben zwei Klassenlehrer und jeweils zwei Klassen werden zu einem Team zusammengefasst. Dies erleichtert die pädagogische Arbeit, damit die Lehrer besser auf die Bedürfnisse der Schüler eingehen können.

In der Schule gibt es eine Mensa, in der frisch gekocht wird. Die Schule hat auch regelmäßig Kontakt mit Partnerschulen in Polen, Israel und Spanien und ermöglicht den Schülern den Schüleraustausch.

4. Der erste Tag des Schulpraktikums

Wie verabredet, wartete ich mit den anderen Praktikanten am 05.09 auf Frau K. vor dem Sekretariat. Zuerst sollten wir sie in das Lehrerzimmer begleiten und haben uns über Stundenpläne und andere organisatorische Sachen unterhalten. Danach hatten wir die Wahl, ob wir nach Hause gehen oder uns einige Unterrichtsstunden ansehen. Ich habe mich dazu entschieden, mir eine Naturwissenschaftsstunde der 5. Klasse und eine Chemiestunde in der 10.

Klasse anzusehen. In der Chemiestunde durfte ich den Schülern erklären, wie man einen Bunsenbrenner verwendet. Anschließend durften die Schüler den Brenner selbst verwenden. Ich bin mit der Lehrerin rumgegangen und habe überprüft, ob die Schüler den Brenner richtig verwenden. Dabei habe ich auch versucht auf mein Thema *„Unterrichtsstörungen"* zu achten. Besonders beim Experimentieren im Chemieunterricht muss man die Schüler im Auge behalten. Einige Schüler haben angefangen mit Streichhölzern zu spielen. Deswegen war ich gezwungen, ihnen die Streichhölzer wegzunehmen und sie über die Gefahren, im Umgang mit Feuer, zu ermahnen.

Nach dieser Stunde bin ich nach Hause gefahren und habe einen Stundenplan für die 4 Wochen erstellt. Im Großen und Ganzen war ich mit dem ersten Praktikumstag zufrieden. Alle Lehrer und Schüler waren sehr freundlich und hilfsbereit.

5. Unterrichtsstörungen

<u>Begründung zur Wahl des Themas „Unterrichtsstörungen"</u>

Ich habe das Thema gewählt, da ich sowohl in meiner Schulzeit als auch in der Uni gemerkt habe, dass viele Lehrkräfte nicht immer wissen, wie sie am besten mit Unterrichtsstörungen umgehen sollen. Da mich dieses Thema schon seit der Schulzeit interessiert, werde ich Gründe für Unterrichtsstörungen und Möglichkeiten zur Verminderung der Unterrichtsstörungen erforschen.

<u>5.1. Definitionen von Unterrichtsstörungen</u>

Viele Lehrer und Schüler beschweren sich oft, dass es im Unterricht Störungen aus vielen verschiedenen Gründen gab/ gibt.
Zum besseren Verständnis sollten „Unterrichtsstörungen" definieret werden.

Lohmann (2003) entwickelte eine mögliche Definition für Unterrichtsstörungen:
„Unterrichtsstörungen sind Ereignisse, die den Lehr-Lernprozess beeinträchtigen, unterbrechen oder unmöglich machen, indem sie die

Voraussetzungen, unter denen Lehren und Lernen erst stattfinden kann, teilweise oder ganz außer Kraft setzen." [1]

Noelting (2007) nennt in seinem Buch *„Störungen in der Schulklasse"* zwei Typen von Unterrichtsstörungen: aktive Unterrichtsstörungen und passive Unterrichtsstörungen. [2]

Mit aktiven Unterrichtsstörungen ist gemeint, dass die Schüler Privatgespräche führen, ohne Meldung in den Raum brüllen, im Raum herumlaufen oder so viel Lärm machen, dass kein Unterricht möglich ist.

Zu passiven Unterrichtsstörungen kommt es, wenn die Schüler im Unterricht nicht mitarbeiten wollen, ihre Hausaufgaben nicht erledigen und wichtige Materialien zu Hause vergessen.

Es wird im Allgemeinen von den Lehrern bestimmt, welche Verhaltensweisen der Schüler als störend eingestuft werden. Es gibt vier besonders auffällige Kategorien störenden Schülerverhaltens.[3] (vgl. EDER/FARTACEK/MAYR 1987, S. 14)

1. Verbales Störverhalten (schwatzen, Beleidigungen, Zwischenrufe)
2. Mangelnder Lerneifer (geistige Abwesenheit, Desinteresse, Unaufmerksamkeit)
3. Motorische Unruhe (zappeln, kippeln, herumlaufen)
4. Aggressives Verhalten (Wutausbrüche, Angriffe auf Personen, Sachbeschädigungen)

Es ist aber zu betonen, dass nicht jede Störung, die ein Lehrer wahrnimmt, wirklich eine Unterrichtsstörung ist. Es ist normal, dass Schüler während einer Gruppenarbeit miteinander reden und es etwas lauter wird. Auch wird es kaum eine Stunde geben, wo Sitznachbarn nicht miteinander leise reden, besonders, wenn sich der Lehrer umdreht.

5.2. Was verursacht Unterrichtsstörungen?

Es ist schwer eine allgemeine Aussage zu formulieren, was Unterrichtsstörungen verursacht, da jeder Schüler ein Individuum ist. Manche Schüler sind an dem Unterrichtsfach nicht interessiert, manche wollen dem Sitznachbarn unbedingt etwas erzählen, manche Schüler spielen mit dem Handy, manche Schüler haben familiäre Probleme und passen deswegen im Unterricht nicht so gut auf.

„Aufgrund der unterschiedlichen Probleme kann es zu Unterrichtsstörungen kommen, da die Schüler ein Verlangen nach Beachtung und Zuwendung haben. Damit lenken sie auch von eigenen Schwächen im Unterrichtsfach ab."[9]
Eine weitere mögliche Ursache ist, dass sich die Schüler zu überfordert fühlen und deswegen am Unterricht keinen Spaß haben. Das konnte ich auch in 2 von mir übernommenen Stunden beobachten, da die Schüler aus der EF (Einführungsphase) aus verschiedenen Schulen zusammengewürfelt worden sind. Für die Schüler war das Thema *„Alkane und ihre Isomere"* sehr schwer. Anstatt mich um Hilfe zu bitten, haben die Schüler angefangen mit dem Sitznachbar zu reden oder mit dem Handy zu spielen.

Bevor ich ins Praktikum gegangen bin, habe ich mich informiert, wie man Unterrichtsstörungen vermeiden kann und wie man mit diesen umgehen sollte.

Ich habe mir auch Gedanken darüber gemacht, wie ich die Schüler im Praktikum beobachten werde. Da man nicht die ganze Klasse im Überblick haben kann, habe ich nur einige Tischreihen beobachtet und mir notiert, wie die Schüler gestört haben. Ich habe mir notiert, wenn die Schüler geschwatzt haben, unaufmerksam waren, ohne zu fragen rumgelaufen sind oder sich aggressiv verhalten haben. Auch habe ich mir notiert, wie die Lehrer auf die Störungen reagiert haben.

5.3. Prävention von Unterrichtsstörungen

Nach Noelting (2006) gibt es vier wichtige Bereiche der Prävention von Unterrichtsstörungen.[4]
Zuerst sollte der Lehrer Regeln formulieren und gut organisiert sein.

Ein Lehrer sollte in der Lage sein, den Schülern erklären zu können, wo der behandelte Stoff angewendet werden kann. Eine Antwort wie „das brauchst du für den Test/ Klausur" ist sehr unprofessionell.

Außerdem soll durch Wahl interessanter Inhalte und Methodenvielfalt das Interesse der Schüler geweckt werden.

Wartezeiten im Unterricht sollten vermieden und der Unterricht im besten Fall durch Störungen nicht unterbrochen werden. Damit ist auch gemeint, dass der Lehrer nicht unnötig viel Zeit investiert, um Schüler zu ermahnen, sondern den Schülern sagt: „Schreibt/ Lest weiter!"

Es sollten auch Präsenz -und Stoppsignale vorhanden sein. Das heißt, dass der Lehrer den Schülern bei Störungen verbale und nonverbale Signale senden soll. Bei der ersten Störung sollte der Lehrer zum Beispiel in die Richtung gehen, wo sich die Schüler unterhalten, damit sich die Schüler beruhigen.

Nach Terhart (2002) sollen Lehrer *„einen erheblichen quantitativen Wissensvorsprung…"haben, „weil sie langfristig angelegte, verständnisvolle und fachwissenschaftlich vertretbare Lernzugänge anbahnen müssen."*[5]

Ich habe zum Beispiel eine Naturwissenschaftsstunde in einer 5. Klasse in der 5. Stunde beobachtet, wo wenige Unterrichtsstörungen auftraten. Damit sich die Schüler beruhigen und sich auf den Unterricht einstellen, hoben beide Lehrer ihren Arm nach oben und die Schüler sollten sich hinstellen und auch einen Arm nach oben halten. Die Lehrerin hat gewartet bis jeder Schüler den Arm hochgehoben hat und erst dann begann sie mit dem Unterricht. Zuerst erzählte sie was die Schüler in dieser Unterrichtsstunde erwartet. Danach gab sie in der Klasse einen Kuscheltier-Pinguin herum und fragte die Schüler, ob der Pinguin lebendig ist oder nicht. Die Schüler sollten dann aufzählen, woran sie erkannt haben, dass dieses Kuscheltier kein Lebewesen ist und haben sich gemeldet und gewartet bis sie drangenommen wurden. Mithilfe des Kuscheltiers wurde das Interesse der Schüler geweckt und die gesamte Klasse wurde in die Diskussion mit einbezogen. Jeder Schüler durfte seine Meinung äußern. Das ist ein Beispiel für eine Unterrichtsstunde ohne Unterrichtsstörungen.

Auch fand ich die Gestaltung einer Spanischstunde einer 11. Klasse sehr interessant. Die Lehrerin hat laut und selbstsicher gesprochen, vor allem bei der

Besprechung von Zeitformen hat sie die Laute laut und lustig betont, damit sich die Schüler die Formen besser merken können. Die Akzente hat sie besonders groß auf die Verben gezeichnet. Die Schüler sollten die Konjugationen der Verben im Chor wiederholen. In dieser Stunde gab es keine Unterrichtsstörungen und die Schüler hatten in der Stunde viel Spaß. Ich finde, dass dies eine gute Möglichkeit ist, Schüler zu motivieren. Am Ende des Praktikums habe ich mit ihr über ihre Unterrichtsmethodik gesprochen. Sie hat mehrmals betont, dass Lehrer während der Unterrichtsstunde wie Schauspieler auf der Bühne sind und die Schüler Lehrer immer sehr gut beobachten. Die Schüler haben nur Respekt vor Lehrern, die mit den Schülern zusammen Regeln aufstellen. Wenn sich die Schüler nicht an die Regeln halten, müssen sie ausnahmslos, wie vereinbart bestraft werden, sonst nehmen sie die Lehrerin nicht mehr ernst.

Maike Plath (2015) thematisiert dies auch in ihrem Buch im Kapitel: *„Warum jeder Lehrer ein Schauspieler ist"*. Ihrer Meinung nach *„sollen Lehrer/innen keine Schauspieler sein. Lehrer/innen sollen auch nichts vortäuschen. Aber es ist sinnvoll, wie Schauspieler/innen einiges über die Wirkung von körpersprachlichen Signalen zu wissen, um im Alltag situationsangemessen und damit selbstbestimmter agieren zu können."* Sie schreibt auch darüber, dass die Lehrer von den Schülern ununterbrochen beobachtet werden und dass *„das Verhalten der Schüler/innen immer eine Spiegelung unserer eigenen Verhaltensweisen ist."*[6]

Lehrer sollten wie Schauspieler auch in der Lage sein zu improvisieren, denn im Laufe der Stunde stellen Schüler fragen, auf die der Lehrer nicht immer vorbereitet ist.

Mir hat zum Beispiel ein hochbegabter Schüler im Chemieunterricht eine Frage zum Physikunterricht gestellt als ich die Van der Waals Kräfte angesprochen habe. Da ich die Frage nicht sofort beantworten konnte, habe ich gesagt, dass ich mich bis zur nächsten Stunde darüber informieren werde.

Leider gab es auch viele Unterrichtsstunden, wo einige Lehrer Schwierigkeiten hatten die Schüler zu beruhigen.

Zum Beispiel war ich an einem Donnerstag in der 2. Stunde in einer Chemiestunde in der 9. Klasse. Die Lehrerin hat die Schüler zuerst gefragt, was sie in der letzten Stunde gemacht haben. Es haben sich viele Schüler gemeldet, aber haben sich mit den Sitznachbarn laut unterhalten. Die Lehrerin hat danach Zettel ausgeteilt und die Schüler sollten Fragen mit Hilfe eines Textes zu radioaktiver Strahlung beantworten. Einige Schüler haben sofort angefangen zu arbeiten und haben mich gefragt, ob ich ihnen helfen kann. Aber ca. die Hälfte der Klasse, hat sich lieber mit den Sitznachbarn unterhalten.

In den Chemieräumen sitzen 6 Schüler an einem Tisch, der in einer U-Form aufgebaut ist, d.h., dass die Schüler sich besser unterhalten und ablenken können. Nachdem ich die Schüler mehrmals gebeten habe, sich zu beruhigen und die Aufgabe zu erledigen, haben sie sich beruhigt, bis ich zu den anderen Schülern gegangen bin. Damit die Lehrerin die Aufgaben mit den Schülern vergleichen konnte, musste sie einige Minuten warten bis die Schüler leiser geworden sind. Die Schüler haben also weder mir, noch der Lehrerin gegenüber, Respekt gezeigt. In dieser Stunde konnte ich aktive Unterrichtsstörungen beobachten.

5.4. Wie sollte sich ein Lehrer bei Unterrichtsstörungen gegenüber den Schülern verhalten?

Zu den üblichen Maßnahmen der Lehrer gehören Klarstellungen von Verhaltensregeln, Änderungen der Sitzordnung, Strafandrohungen und Bestrafungen, aber auch Belohnungen für gutes Verhalten.

Bei gehäuften Störungen sollte der Klassenlehrer informiert werden, da er die Schüler meist besser kennt. Deshalb kann er mögliche Lösungen für die Probleme vorschlagen, die zu einer Verhaltensänderung führen.

Für aktive und störungsfreie Mitarbeit kann man Hausaufgaben reduzieren oder ein interessantes Spiel am Stundenende in Aussicht stellen. Es ist gut für das Klassenklima und die Lehrer-Schüler-Beziehung.

Diese üblichen Maßnahmen konnte ich im Praktikum beobachten, bis auf Belohnungen für gutes Verhalten. Kein einziger Lehrer hat die Schüler für gute Mitarbeit und für ruhiges Verhalten im Unterricht gelobt.

Im Chemieunterricht drohen die Lehrer gerne damit, dass die Schüler die Laborordnung abschreiben müssen oder, dass sie die Schüler aus dem Klassenraum rausschmeißen.

In der Literatur findet man auch Ermahnungen in der Form von gelben und roten Karten. *„Der Vorteil dieser Methode ist, dass es sich um unmissverständliche Signale handelt, die alle Schüler [...] vom Sport kennen.[7]"* (Vgl. Keller: Disziplinmanagment in der Schulklasse S. 42) Diese Methode sollte aber bis zur 8./9. Klasse eingesetzt werden, da sie danach ihre Wirkung verliert.

Man kann auch die Konflikte in der Klasse durch kooperative Verfahren lösen. Die Methode von Redlich und Schley (1981) umfasst drei Hauptphasen: die gemeinsame Diagnose, Planung und Intervention. [8]

Zuerst erklärt die Lehrkraft den Schülern, was sie als Problem empfindet und bittet die Schüler, mitzuteilen, was die Schüler über dieses Problem denken.

Am besten kann man dies in Form eines Fragebogens machen. Die anonyme Befragung eignet sich dafür sehr gut, da mangelnde Beteiligung oder Störungen nichts mit dem Verhalten des Lehrers zu tun haben, sondern mit dem Verhalten der Mitschüler, die niemand verpetzen möchte.

Danach werden gemeinsame Ziele und Lösungsideen gesammelt. Es können auch Lehrer-Schüler-Verträge erstellt werden, die für beide Seiten gelten.

In der Interventionsphase werden die Planungen umgesetzt und Erfolge werden sichtbar gemacht. Es ist hier wichtig, dass der Lehrer den Schülern keine Lösungen vorschreibt, sondern, dass man zusammen Lösungen findet. So lernen die Schüler auch, wie man gemeinsam Probleme lösen kann.

Ermahnungen in Form von gelben und roten Karten und auch das kooperative Verfahren konnte ich aber im Praktikum nicht beobachten.

5.5. Meine Unterrichtsstunden

In jeder von mir hospitierten Stunde durfte ich die Schüler in der Erarbeitungsphase unterstützen und die Schüler bei Unterrichtsstörungen ermahnen.

Schon in der 2. Woche durfte ich, wie gewünscht, 2 ganze Chemiestunden in der EF unterrichten.

5.5.1 Chemie :

Hintergrund:

Die EF-Klasse ist aus Schülern zusammengesetzt, die aus verschiedenen Schulen auf die Gesamtschule gekommen sind. Das heißt, dass die Schüler unterschiedliches Vorwissen haben. Die Lehrer haben also die Aufgabe die Schüler zuerst auf den gleichen Punkt zu bringen. Das heißt aber auch, dass hier einige Schüler überfordert und einige unterfordert sind.

Planung:

Schon in der ersten Chemiestunde dieser Klasse durfte ich die Stunde beobachten und habe mit der Lehrerin besprochen, welche Themeninhalte ich besprechen werde und wie ich dabei vorgehen soll. Die Kollegin hat mir die Möglichkeit gegeben, den Unterricht so zu gestalten, wie ich möchte. Ich sollte mit den Schülern das Thema *„Alkane und ihre Isomere"* besprechen und habe mir zu Hause überlegt, wie ich wichtige Fachbegriffe erkläre. Auch habe ich mir überlegt wie ich in die Stunden einsteigen werde, was die Schüler in der Erarbeitungsphase machen sollen und wie ich die Stunde beenden werde.

Durchführung:

Ich konnte die beiden Chemiestunden bei der Lehrerin wie geplant durchführen und habe in den 60 Minuten wie geplant alles geschafft. Viele Schüler haben fleißig mitgearbeitet. Dafür wurden die Schüler von mir auch gelobt, vor allem die Schüler, die am Anfang schüchtern waren, aber sich doch dazu überwinden konnten, mitzuarbeiten. Ich habe versucht den Unterricht mit großer Methodenvielfalt zu gestalten und bin bei Störungen in die Richtung der störenden Schüler gegangen, um Präsenz- und Stoppsignale zu zeigen. Am Anfang der Stunde habe ich den Schülern erzählt, was sie in der Stunde erwartet. Einige Schüler wurden von mir gebeten, nach vorne zu kommen und Strukturen von Alkanen an die Tafel zu zeichnen und die anderen Schüler sollten darauf achten, dass der Mitschüler keine Fehler macht. Allerdings sind mir einige Unterrichtsstörungen aufgefallen, vor allem, wenn ich mich umgedreht habe, um etwas an die Tafel zu schreiben. Die Unterrichtsstörungen kamen vor allem von den Schülern, die sich überfordert gefühlt haben. Sie haben aber deutlich durch laute Gespräche über außerschulische Themen gezeigt, dass sie wenig Interesse daran haben, den Unterrichtsstoff zu verstehen. Einige sind mehrmals im Raum rumgelaufen, um den Müll wegzuwerfen, ohne mich um Erlaubnis zu fragen. Es sind mir also verbale und motorische Störungen aufgefallen. Trotzdem habe ich versucht, sie im Laufe der Stunde so gut wie möglich zu motivieren und habe ihnen in der Erarbeitungsphase Hilfestellungen gegeben, damit sie die Aufgaben erledigen konnten.

Reflexion am Ende der Stunde:
Nach meiner Unterrichtsstunde reflektierten die betreuende Lehrerin und ich meine gegebene Unterrichtsstunde.
Die Lehrerin fand meine Unterrichtsstunden gut, besonders hat ihr gefallen, dass in meinem Unterricht, die Schüleraktivität im Vordergrund stand, da es für die Lernautonomie sehr wichtig ist. Diese Unterrichtsmethode wird auch in der Literatur in den Vordergrund gestellt, z.B. von Kerstin Klein (2006). Für sie ist das Bewegungsbedürfnis ein wichtiges Stichwort. *„Ein lehrerzentrierter Unterricht mit häufigen Unterrichtsgesprächen ist sehr anfällig für Störungen, weil viele Schüler sich dabei zu wenig einbringen können. Manche vertragen das lange Stillsitzen nicht, das wir ihnen häufig abverlangen..."* [9]
„...Durch die Bewegung im Unterricht wird die Sauerstoffversorgung des Gehirns verbessert und damit die Konzentrationsfähigkeit." [9]
Die Lehrerin war auch der Meinung, dass ich das Thema und die Aufgaben gut erklärt habe. Kritisiert hat sie aber, dass ich die Schüler bei Störungen nicht

namentlich angesprochen und nach der Erarbeitungsphase in Unruhe reingeredet habe. Sie hat mir den Tipp gegeben, dass ich das nächste Mal auf die Uhr schauen soll, damit die Schüler sich beruhigen.

Den meisten Schülern hat mein Unterricht gefallen. Sie meinten aber, dass ich das nächste Mal lauter reden könnte.

5.5.2 Spanisch:
Hintergrund:

Die Schüler, die ich unterrichten durfte, waren in der 9. Klasse. Die Schüler wollen Spanisch nach der 10. Klasse abwählen und sind deswegen nicht sehr motiviert. Trotzdem gibt es in der Klasse einige Schüler, die viel mitarbeiten und im Unterricht Spaß haben.

Planung:

Auch der Lehrer im Spanischunterricht hat mir gesagt, welche Inhalte ich mit den Schülern besprechen soll, aber ich durfte den Unterricht so gestalten wie ich wollte. Zur Hilfestellung habe ich von dem Lehrer 2 Spanischbücher bekommen.

Durchführung:

Als Einstieg habe ich mit den Schülern in der 1. Stunde am Mittwoch das Thema der letzten Stunde an der Tafel wiederholt und die Schüler gefragt, ob sie noch Fragen zum Thema „Imperativ" haben. In der Erarbeitungsphase konnten mir die Schüler der 9. Klasse immer Fragen stellen. Damit sich die schüchternen Schüler getraut haben zu fragen, bin ich rumgegangen und habe die Schüler somit zum Arbeiten animiert. Neues Vokabular und die Konjugation von neuen Verben habe ich an die Tafel geschrieben. Damit die Schüler keine Probleme bei der Aussprache haben, wurden die Konjugationen im Chor durchgesprochen.

Die Schüler haben größtenteils gut mitgearbeitet, aber während ich die Konjugationen an die Tafel geschrieben habe, haben die Schüler angefangen, sich laut zu unterhalten.

Damit die Schüler sich beruhigen, sagte ich: *„Nur, weil ich mich umdrehe, heißt es nicht, dass ihr reden dürft."*
Danach haben sich die Schüler beruhigt und bis zum Ende der Stunde größtenteils fleißig weitergearbeitet.
Allerdings waren die Schüler am nächsten Tag in der 6. Stunde ziemlich unruhig, weil sie keine Lust mehr hatten und nach Hause wollten.

Reflexion am Ende der Stunde:
Der Spanischlehrer fand meine Stunde so gut, dass er mich gefragt hat, ob ich die nächsten Stunden auch übernehmen möchte. Er hat aber kritisiert, dass ich die zu spät kommenden Schüler nicht ermahnt habe. Ich habe die Schüler nicht vor der Klasse ermahnt, da der Unterricht schon vor 10-15 Minuten angefangen hat und ich weitere Unterrichtsstörungen vermeiden wollte.
Wie man sieht, macht es auch einen Unterschied, ob die Schüler vormittags oder nachmittags unterrichtet werden. Vormittags sind die Schüler meist motivierter und ruhiger.

5.6. Fazit zum Thema Unterrichtsstörungen:
Am Anfang des Schulpraktikums dachte ich, dass man keine allgemeine Aussage darüber treffen kann, wie sich die Lehrer gegenüber den Klassen verhalten müssen, damit es kaum Unterrichtsstörungen gibt. Nach Gesprächen mit unterschiedlichen Lehrern und nachdem ich mich in die Literatur genau eingelesen habe, ist mir aufgefallen, dass Lehrer nur dann respektiert werden, wenn sie Selbstsicherheit ausstrahlen. Außerdem müssen die Lehrer kreativ sein und die Stunde gut planen, damit die Schüler durch Methodenvielfalt am Unterricht Spaß haben. Ein Lehrer sollte auch improvisieren können, da Schüler unerwartete Fragen zum Unterrichtsfach stellen können, die man beantworten sollte, egal ob mit Hilfe eines Tafelbildes oder eines ungeplanten Experimentes. Bei Unterrichtsstörungen sollte der Lehrer die störenden Schüler namentlich ansprechen und bei mehrmaligen Störungen ohne Ausnahme, wie am Anfang des Schuljahres geregelt, bestrafen.

6. Reflexion des Praktikums und Ausblick

Nachdem ich das 4-wöchige Praktikum auf der Gesamtschule gemacht habe, bin ich mir ziemlich sicher, dass es mir Spaß machen wird als Lehrerin zu arbeiten. Ich habe mich mit den Schülern und Kollegen sehr gut verstanden. Es ist ein sehr schönes Gefühl von den Schülern gegrüßt und gefragt zu werden, ob man sich in der nächsten Stunde in die Klasse setzt.

Auch fand ich es schön, dass die Lehrer, darauf bestanden haben, dass wir uns duzen, denn so habe ich mich im Lehrerzimmer viel wohler gefühlt. Manchmal habe ich für einen kurzen Moment vergessen, dass es nur ein Praktikum ist. Gerne würde ich weiterhin an dieser Schule als Lehrkraft arbeiten, da mir viele Schüler und Kollegen ans Herz gewachsen sind.

Mir ist aufgefallen, dass sich das Unterrichtsniveau von Gesamtschulen sehr von dem Unterrichtsniveau eines Gymnasiums unterscheidet. Viele Schüler in der EF, Q1 und Q2 sind mit dem Unterrichtsstoff sehr überfordert und deswegen nicht sehr motiviert. Die Mehrheit hält es nicht für nötig Hausaufgaben zu erledigen. Einige Schüler sind der Überzeugung, dass sie Spanisch und Chemie nicht beherrschen. Aus diesem Grund wollen sie nicht mitarbeiten und hoffen, dass die Stunde so schnell wie möglich vorbeigeht. Deswegen ist es sehr wichtig, dass die Lehrer die Schüler zum Lernen motivieren und sich so oft wie möglich interessante Aufgaben ausdenken.

Bei der Planung und Durchführung der Stunde ist mir aufgefallen, dass es nicht immer einfach ist, in den Unterricht einzusteigen.

Da wir uns im Seminar zum Praktikum Beispiele für gute und schlechte Unterrichtseinstiege angesehen haben, ist es mir etwas leichter gefallen, die Unterrichtseinstiege zu planen. Auch habe ich mir zuhause darüber Gedanken gemacht, wie ich die Stunde beenden werde. Da es meistens zu Unterrichtsstörungen kommt, wenn sich der Lehrer umdreht, sollten die Schüler auch die 1-2 Minuten beschäftigt werden. Deswegen sollte der Lehrer sich Aufgaben einfallen lassen, wenn die Schüler nicht in der Lage sind, ruhig zu bleiben.

Allgemein ist es sehr wichtig, dass Lehrer kreativ sind, denn Lehrer sollten in der Lage sein das Interesse der Schüler zu wecken, damit sie am Unterricht Spaß haben und den Unterrichtsstoff besser verstehen. Im Chemieunterricht freuen sich die Schüler über jedes Experiment und im Spanischunterricht über Spiele oder spanische Lieder.

Da ich die Zeit immer im Blick hatte, haben die Schüler und ich alles erledigt, was ich geplant habe.

Allerdings ist mir aufgefallen, dass man viel Ausdauer haben muss, da manche Lehrer 6-7 Stunden am Tag unterrichten müssen.

Außerdem müssen die Lehrer den Unterricht vorbereiten und Tests/Klassenarbeiten korrigieren. Im Lehrplan sind auch Wandertage und Klassenfahrten mit eingeplant.

Auch ist mir aufgefallen, dass es einen großen Unterschied macht, wie Lehrer mit den Schülern reden und wie sie auf Störungen reagieren. Viele Schüler kommen mit ruhigen, manchmal auch lustigen Lehrern viel besser klar als mit Lehrern, die sofort laut werden und den Schülern drohen, dass sie eine schlechte Note bekommen. Wie auch in der Literatur zu lesen ist, ist es hilfreicher bei Störungen in die Reihe zu gehen, wo die störenden Schüler sitzen als laut zu werden. Bei Problemen sollten die Lehrer ein Einzelgespräch mit den Schülern führen und Hilfe anbieten.

Eine Lehrerin arbeitet aber nicht nur mit Schülern, sondern auch mit Kollegen, denn ich konnte im Lehrerzimmer beobachten, dass sich viele Lehrer zusammensetzen und eine Stunde planen oder zusammen Klassenarbeiten/ Tests erstellen. Deswegen ist es auch sehr wichtig, dass eine Lehrkraft in der Lage ist, in einem Team zu arbeiten, auch wenn man einen Kollegen nicht besonders mag. Das heißt, dass Lehrer sehr geduldig und tolerant sein müssen. Bei Störungen müssen die Lehrer die Schüler alle gleich bestrafen, ohne Ausnahmen, sonst wird man als Lehrerin nicht mehr ernst genommen.

In diesem Praktikum ist mir aufgefallen, wie hilfreich die Didaktik-Seminare im Spanisch- und Chemieunterricht waren, da es nicht ausreichend ist, nur das Fachwissen zu beherrschen. Die Inhalte müssen methodisch und abwechslungsreich vermittelt werden. Im Chemiestudium werden die Theorien der Vorlesungen in einem Praktikum behandelt. Im Gegensatz dazu, lernt man im Spanisch-Studium nicht, wie die Theorien in der Praxis angewendet werden sollen.

Beim Unterrichten habe ich sehr darauf geachtet, dass die Schüler viel mitarbeiten und mitdenken. Lernautonomie ist im Schulalltag ein sehr wichtiger Begriff. Es ist für das Verständnis der Schüler sehr hilfreich, wenn sie lernen, ihre Beobachtungen selbst zu interpretieren und daraus Schlussfolgerungen zu ziehen. Der Lehrer hat die Aufgabe die Schüler dabei zu unterstützen.

Es gibt viele Theorien, wie ein Lehrer/ eine Lehrerin den Schülern etwas beibringen kann oder mit den Schülern umgehen sollte, aber diese sind nicht immer auf alle Schüler und Lehrer anwendbar, wie ich im Laufe des Praktikums und in meinen durchgeführten Unterrichtsstunden gemerkt habe. Das heißt, dass der Lehrer entscheiden sollte, welche Methoden angewendet werden sollten, damit die Schüler den Unterrichtsstoff verstehen und so oft wie nötig unterstützt werden.

Wie an meinem Praktikumsbericht zu erkennen ist, konnte ich vieles beobachten und habe viele Erkenntnisse erlangt. Besonders viel Spaß gemacht hat es mir aber, wenn ich die Stunden übernehmen durfte, da man nur durch die Praxis Erfahrungen sammeln kann. Insgesamt habe ich 8 ganze Stunden unterrichtet, 5 Stunden in Spanisch und 3 Stunden in Chemie.

Ich habe im Praktikum so gut wie möglich versucht, auf Unterrichtsstörungen und die Gesichter der Schüler zu achten, um zu sehen, ob sie den Unterrichtsstoff verstanden haben. Viele Schüler trauen sich nicht nachzufragen, wenn sie den Stoff nicht verstanden haben. Im nächsten Praktikum würde ich gerne weiter beobachten wie die Lehrer mit Störungen umgehen. Ich werde weiterhin an meiner Selbstsicherheit im Fach und auch vor der Klasse arbeiten, damit die Schüler in der Zukunft mehr Respekt vor mir haben. Außerdem möchte ich gerne beobachten, welche pädagogischen Maßnahmen im Unterricht eingesetzt werden, um die persönliche Entwicklung der Schüler zu fördern. Ich würde mir auch gerne eine Klassenkonferenz ansehen, da mir nicht bewusst ist, wie eine Klassenkonferenz vorbereitet und durchgeführt wird. Mein größtes Ziel im Bezug auf die Schule ist, dass die

Schüler Spaß an meinem Unterricht haben und freiwillig zu meinem Unterricht kommen, ohne sich gezwungen zu fühlen. Mir ist im Praktikum aufgefallen, dass die Schüler, die sich gezwungen fühlen in die Schule zu gehen und keinen Spaß am Unterricht haben, größtenteils nicht zuhören und kaum Aufgaben erledigen.

7. Literaturverzeichnis:

[1] Lohmann, Gert (2003): *„Mit Schülern klar kommen. Professioneller Umgang mit Unterrichtsstörungen und Disziplinkonflikten"* , Verlag: Cornelson Scriptor, S.12

[2] Nolting, Hans-Peter (2007): *„Störungen in der Schulklasse. Ein Leitfaden zur Vorbeugung und Konfliktlösung"*, Beltz Verlag, S.12

[3] Fartacek, W., Eder, F. & Mayr, J. (1987). *„Schwierigkeiten von Lehrerstudenten und Lehrern im Umgang mit Schülern.* Erziehung und Unterricht", 137 (Heft 1), S.12-24.

[4] Nolting, Hans-Peter (2006) : *„Prävention von Unterrichtsstörungen. Unauffällige Einflussnahmenkönnen viel bewirken"*, in: Zeitschrift PÄDAGOGIK, S. 10-13

[5] Terhart, E (2002): *„Grundannahmen: Leitbild für den Lehrerberuf"*,S.49

[6] Plath, Maike (2015): *„Spielend" unterrichten und Kommunikation gestalten. Mit schauspielerischen Mitteln für Unterricht begeistern"* , Beltz Verlag, Weinheim Basel, 2. Auflage, S.13

[7] Keller,Gustav (2010): *„Disziplinmanagement in der Schulklasse – Unterrichtsstörungen vorbeugen-Unterrichtsstörungen bewältigen"*,
2. aktualisierte Auflage

[8] Achtzehn Autoren (2000): *„Die Kooperative Methode im Unterricht. 14 Fallbeispiele zur Lösung von Konflikten und zur Verbesserung der Kommunikation und Kooperation in Schulklassen. Materialien aus der Arbeitsgruppe Beratung und Training"*, herausgegeben von Alexander Redlich. Fachbereich Psychologie der Universität Hamburg, S.5

[9] Klein, Kerstin (2006): *"Mit Störungen und Konflikten umgehen"*, in: Klassenlehrer/in sein (Das Handbuch) Strategien, Tipps, Praxishilfen, S.81-83

BEI GRIN MACHT SICH IHR WISSEN BEZAHLT

- Wir veröffentlichen Ihre Hausarbeit, Bachelor- und Masterarbeit

- Ihr eigenes eBook und Buch - weltweit in allen wichtigen Shops

- Verdienen Sie an jedem Verkauf

Jetzt bei www.GRIN.com hochladen und kostenlos publizieren